Claudia Kroth

Köln ist schön

Porträts

Mit einer Einführung von

Konrad Beikircher

J.P. BACHEM VERLAG

Umschlagfotos:
Vorne: Von-Sparr-Straße in Köln-Mülheim
Rückseite: Die Kölner Band BAP
(v.l.n.r.: Helmut Krumminga, Jens Streifling, Werner Kopal,
Sheryl Hackett, Wolfgang Niedecken, Jürgen Zöller, Michael Nass)

Mein besonderer Dank gilt den Sponsoren, ohne deren Hilfe
und Unterstützung dieses Buch nicht zustande gekommen wäre:
Wolfgang Sistig; Alexandru Agache; Prof. Bernd Kirchhof, Leiter der
Universitäts-Augenklinik Köln und Vorstand der Stiftung Retino-Vit
(die Retino-Vit-Stiftung fördert die Erforschung von Netzhaut-
und Glaskörpererkrankungen); Freunde des Kölnischen
Stadtmuseums e.V.; Dr. Serdar Eren; Dr. Karin Ohlenburger-Bauer;
Dipl. Ing. Heinrich Becker; Peter Tonger; Ernst Simons und
Majid Hashemnia.

Bibliografische Information Der Deutschen Bibliothek
Die Deutsche Bibliothek verzeichnet diese Publikation in der
Deutschen Nationalbibliografie; detaillierte bibliografische Daten
sind im Internet über
http://dnb.ddb.de abrufbar.

1. Auflage 2003
© J.P. Bachem Verlag, Köln 2003

Gestaltung: Claudia Kroth
Reproduktionen: Reprowerkstatt Wargalla, Köln
Druck: Druckerei J.P. Bachem GmbH & Co. KG, Köln
Printed in Germany
ISBN 3-7616-1621-X

www.bachem-verlag.de

»Jede Jeck es anders«

Köln ist schön

Die meisten Städte dieser Welt haben ihr eigenes Gesicht. Da ist der Stefansdom in Wien, die Nordkette in Innsbruck (und das »Goldene Dachl«), der Canale Grande in Venedig, die Skyline in New York (wenn auch mit trauriger Lücke), die Autobahn-Knäuel in Los Angeles, die Frauenkirche in München, das Nichts in Berlin, die Boulevards in Paris, der Newskij Prospekt in St. Petersburg, das Viertel um die Hagia Sophia und die Blaue Moschee in Istanbul, um nur einige zu nennen. Städte, deren Gesicht aus Prachtbauten, Vierteln, baulichen Kontrasten (Kairo!), imponierenden Plätzen und Boulevards besteht. Oder aus einem tausendjährigen Olivenbaum wie Palma de Mallorca, *la ciutat*.

Schön und wunderbar. Orte also, in denen die Menschen, die in ihnen leben, ihre Eigenart weniger aus sich selbst beziehen, sondern mehr aus der Stadt, in der sie leben. So sehr der Wiener gerne hören würde, er sei in erster Linie Wiener und dann erst Einwohner dieser phantastischen Stadt, bleibt es eine Tatsache, dass er in erster Linie Bürger dieser Stadt ist, und dann erst Wiener, denn: ohne die Wachau, das Weinviertel und die galizischen Juden wäre er gar nicht identifizierbar, so ist er aber immerhin einer, der *in Wien* lebt.

Und dann gibt es Städte, da ist das vollkommen anders. Städte, die gar kein eigenes bauliches Profil haben, das ihnen zu Weltruhm und Unverwechselbarkeit verhelfen könnte, die kaum ansichtskarentsträchtige Plätze, Brunnen oder Promenaden aufweisen können, Städte, die sich nur über die Menschen, die in ihnen leben, beschreiben lassen können. Zu diesen Städten gehören Neapel und Köln. Zwar haben solche Städte auch bauliche oder geographische

Akzente – der Dom in Köln oder der Vesuv in Neapel –, dennoch würde das allein nicht genügen, ihre Einmaligkeit zu beschreiben. Hier sind es vielmehr die Menschen, die die Einzigartigkeit ihrer Stadt ausmachen.

Solche Städte gibt es nur wenige – was sie adelt. Und Köln steht da in allererster Reihe. Köln ist – baulich gesehen – eine der hässlichsten Städte, die ich kenne. Und sie ist – sehe ich die Menschen – eine der schönsten. Die Tatsache, dass es in Köln vereinzelt schöne Bauten gibt (der Dom, die romanischen Kirchen …), macht sie nur noch hässlicher, weil die Juwelen zwischen städtebaulicher Austauschbarkeit herumliegen. Nein, Köln bekommt sein Gesicht von den Kölnern. Sie sind – genau wie die Neapolitaner – eine unverwechselbare Spezies. Es ist fast so, als wäre die Stadt wegen der Menschen, die in ihr leben, so geworden und nicht umgekehrt.

Die Kölschen sind Kölsche und waren es immer. Dass dann eine Stadt um sie herum entstanden ist, ist peripher. Köln ist stadtgewordene Lebensphilosophie der Menschen, die dort leben. Dass der Dom eine Hausnummer trägt, gehört genauso dazu wie seine Nähe zu McDonalds und den Luxus-Hotels, zur Dagobertstraße mit den »goldenen Klingeln« der Nutten und dem Edel-Italiener neben dem Türken-Laden, wo du vom Gebets-Teppich mit Kölner Motiven bis zum neuesten Sony-Teil alles geboten bekommst, was die letzten 1000 Jahre so zu bieten hatten. Köln ist Päffgen und Päffgen – im Glas oder gerahmt, weil Menschen gerne trinken und gerne ein Bild angucken.

Köln ist Chargesheimer und Zik – weil Menschen gerne das Zeitlose und das Aktuelle haben wollen. Köln ist Klüngel und Drecksäck – weil Menschen so sind. Und Köln ist »Ääzbischof« und Obdachloser, weil Adenauer schon gesagt hat: »Komisch: Wir alle leben unter demselben Himmel und trotzdem hat jeder seinen eigenen Horizont.« Und Köln ist mehr. Köln ist Afrika und Asien, Rom und Sevilla, Athen und Istanbul. Köln ist tatsächlich multikulturell und das nicht wie Frankfurt als virtuelle Realität, als Absicht, sondern wirklich.

Es langt, einen Spaziergang durch die Viertel hinterm Bahnhof zu machen, um zu sehen, was ich meine. Köln ist New York auf rheinisch: nit janz esu jroß, nit janz esu hektisch ewwer mindstens esu bunt. Köln kann man nur porträtieren, wenn man seinen Menschen auf der Spur ist.

In ihrer leisen Art ist Claudia Kroth seit Jahren den Kölschen auf der Spur. Egal, woher sie kommen (Kölsch zu sein ist ja nicht eine Frage der Geburt, sondern eine Frage der Geisteshaltung!). Sie hat ein präzises Gefühl dafür, wer kölsch ist und wer nicht. In diesem Buch porträtiert sie – deutlicher, als man es schreiben könnte – die Stadt, die sie liebt, mit den Menschen, die diese Stadt ausmachen. Mit sanfter Linse zeichnet sie scheinbar Individuen und malt doch – was jeder sieht, wenn er sich einer Reihe ihrer Bilder ausgeliefert hat – ein Porträt dieser Stadt, das zeigt, wie einmalig und unverwechselbar Köln ist. Die Bilder von Claudia Kroth sind eine Liebeserklärung an etwas, das wir alle vergessen haben: Erst die Menschen machen Städte zu dem, was sie sein können: liebenswert.

Konrad Beikircher

Gaststätte »Lommerzheim« in Köln-Deutz

Hans Lommerzheim, geboren 1930 in Köln-Deutz, Gastwirt
»In meiner Jugend war ich Köbes beim Päffgen, dann habe ich mich selbstständig gemacht. Ich betreibe meine Gaststätte seit 1960.«

Yvonne Quirmbach, geboren 1973 in Dernbach (Westerwald), Grafikerin, Galeristin, lebt seit 1993 in Köln.
»Nach meinem Studium in Wuppertal arbeite ich jetzt als Grafikerin mit Künstlern und Kunstinstitutionen zusammen.
1998 eröffnete ich mit meinem Freund eine Galerie für zeitgenössische Kunst. Köln ist für uns und unsere Arbeit ein
guter Ort.«

Klaus Bergmayr, geboren 1946 in München, Herausgeber der Zeitschrift »Querkopf«, lebt seit 1964 in Köln.
»Ich engagiere mich mit der Zeitschrift und unserem Verein für Arbeitslose, soziale Härtefälle und Obdachlose. Mein Anliegen ist: ›Hilfe zur Selbsthilfe.‹«

Dirk Lottner, geboren 1972 in Köln, Fußballspieler (Position Mittelfeld), 1. FC Köln
»Ich bin in der Südstadt aufgewachsen und habe nach der Schule eine Ausbildung als Handelsfachpacker gemacht. In diesem Beruf habe ich nie gearbeitet, denn nach meinem Abschluss begann meine Karriere als Fußballspieler. Ich habe in den Vereinen RW Zollstock, Fortuna Köln und Bayer Leverkusen gespielt. Seit November 1998 bin ich beim 1. FC Köln. Ich kann mir nicht vorstellen, von Köln wegzuziehen.«

Charlotte Grace Roche, geboren 1978 in Wimbledon (Großbritannien), Moderatorin, lebt seit 1999 in Köln.
»… ich bin 1999 nach köln gezogen, eine riesige verbesserung zu mönchengladbach. ich lebe gerne in köln, weil harald schmidt das gleiche trinkwasser trinkt wie ich, außerdem leben hier stockhausen und andrack. das studio 672 und die spex sind auch hier beheimatet. gute nachbarn.«

Die *Alte Liebe* in Köln-Rodenkirchen

Arno Frank, geboren 1942 in Wymyslaw bei Lodz, Gastwirt, lebt seit 1971 in Köln.
»Ich muss am Wasser leben. Über den Bootssport kam ich zur *Alten Liebe*. Vor fünfundzwanzig Jahren habe ich das alte Schiff gekauft und im Laufe der Jahre den Gastronomiebetrieb erweitert. Es war nicht immer leicht: Zweimal wurde die *Alte Liebe* von unaufmerksamen Schiffern gerammt, einmal ist sie ausgebrannt. Inzwischen ist die *Alte Liebe* in Köln bekannt. Ich fühle mich hier zu Hause.«

Hermann Götting, geboren 1939 in Neukirchen bei Moers, Sammler, lebt seit 1963 in Köln.
»Ich sammle Dinge aus dem vorigen Jahrhundert. So wie Menschen Romane lesen, lebe ich meinen eigenen Roman mit meiner Sammlung. Es ist eine Phantasiewelt, die mich beglückt. Manchmal mache ich Ausstellungen, dann nehmen Menschen an meinen Ideen und der realen ›Geschichte‹ meiner Sammlerstücke Anteil.«

Peter Tonger, geboren 1937 in Hamburg, Musikverleger, aufgewachsen in Köln.
»1822 gründete unser Vorfahr Augustin Josef Tonger eine Musikalienhandlung und einen Verlag in Köln. Heute führen mein Vetter die Musikalienhandlung und ich den Verlag in fünfter Generation. Daneben leite ich zwei Männerchöre und trete auch als Rezitator, sowohl von Melodramen als auch von kölschen ›Rümcher un Verzellcher‹, auf.«

Bettina Böttinger, geboren 1956 in Düsseldorf, Moderatorin, Journalistin, Produzentin, lebt seit 1993 in Köln.
»Die Südstadt – das ist ganz entschieden mein Lebensraum in Köln. Ich habe das Gefühl, dass die Leute einen immer wissend anlächeln, wenn man gefragt wird, wo man herkommt und sagt Köln. Allerdings sind viele Kölner auf einmal für andere gelegentlich ein Kulturschock. Wir fangen doch irgendwann immer an, kölsche Lieder zu singen. Schrecklich schön!«

Professor Kasper König, geboren 1943 in Mettingen, Direktor des Museum Ludwig, lebt seit 2001 in Köln.
»Nach einem guten Dutzend Jahren von Frankfurt am Main zurück ins Kölschland – durch die ›Westkunst‹ war ich von 1982 bis 1990 in der Domstadt und habe an der Akademie in Düsseldorf gelehrt. Jetzt bin ich an einer interessanten Schnittstelle gelandet: Hauptbahnhof, Dom, oberhalb der Philharmonie, parallel zum Rhein zwischen Basel und Rotterdam und an den Bahngleisen zwischen Paris und Moskau und privat zwischen Agneskirche und Alter Markt.«

20

»Die Dinge sind so wie sie sind, nur die Verbindung öffnet das Innere der Dinge.«
Die Holzstämme des Blockhauses stammen aus dem Ural, aus der Region Udmurtien. Im 18. und 19. Jahrhundert gab es eine enge Verbindung zwischen diesem Teil Russlands und Deutschland. Seit September 2000 steht das russische Blockhaus, verbunden mit der Simultanhalle (Ausstellungsraum und Musterbau des Museums Ludwig) in Volkhoven.

Igor Sacharow-Ross, geboren 1947 in Chabarowsk (Ostsibirien), Professor für Kunst und Kommunikation in St. Petersburg, lebt seit 1991 in Köln.

»Mein Großvater musste nach dem Lenin-Putsch 1918 Russland verlassen; mein Vater wurde nach Sibirien verbannt. Ich bin im Verbannungsort meines Vaters geboren. Nach meinem Studium ging ich nach St. Petersburg und gehörte dort bald zur nonkonformistischen Kunstszene. Mitte der 70er Jahre bekam ich Berufsverbot, mein Atelier wurde verwüstet und nach Verhören durch den KGB wurden meine Frau und ich 1978 ausgebürgert. Über Wien und München kam ich nach Köln. Seit der Wende kann ich auch wieder in Russland arbeiten, aber trotzdem bleibe ich in Köln, ich fühle mich hier sehr wohl.«

Berthold Paech, geboren 1942 in Eberswalde bei Berlin, Messerschmied, lebt seit 1963 in Köln.
»Vorfahr der Messerschmiede ist Wieland der Schmied aus der germanischen Heldensage. Heute gibt es die Bezeichnung ›Messerschmied‹ nicht mehr, wir sind ja auch nur noch wenige. Seit der Neuordnung der Handwerksberufe in den 80er Jahren gehören wir zu den Schneidwerkzeugmechanikern. Ich lebe gerne hier, Köln ist eine wunderbare Stadt.«

Diana Lorenz-Wendeler, geboren 1962 in Köln, Friseurmeisterin
»Ich habe immer in Köln gelebt, ich fühle mich sehr wohl hier. Vielleicht ziehe ich später einmal mit meinem Mann in ein eigenes Haus am Stadtrand oder in die Voreifel. Vorerst genießen wir noch das Stadtleben mit all seinen Möglich-keiten.«

Der Kölnberg in Meschenich
Die Siedlung wurde 1972 errichtet und sollte als ›Musteranlage für multikulturelles Wohnen‹ dienen. Die Anlage besteht aus 1300 Eigentumswohnungen zwischen 29 und 108 qm.

Manfred Otto, geboren 1939 in Köln, gelernter Kaufmann, lebt seit 1991 im Johanneshaus in der Annostraße.
Unter der Leitung der Katholischen Schriftmission beherbergt das Johanneshaus seit 1949 bis zu 120 obdachlose
Männer. Kostenträger sind der Landschaftsverband und die Stadt Köln.

Fikret Türkkusu, Lamm-Metzger, geboren 1932 in Akhisar (Türkei), lebt seit 1965 in Köln.
»Ich bin in Köln beruflich erfolgreich, meine Kinder sind hier geboren und es geht uns gut. Trotzdem, mein Herz hängt halb an Köln und halb an meinem Heimatland.«

Elisabeth Wiegand, geboren 1933 in Bonn, Bäuerin, kommt seit 1981 auf die Märkte in Braunsfeld und Sülz.
»Früher hatten wir einen Bauernhof in Hersel bei Bornheim. Als mein Vater 1965 starb, haben wir die Landwirtschaft aufgegeben und nur noch die Kleingärtnerei betrieben. Seit zwanzig Jahren komme ich dreimal in der Woche nach Köln und verkaufe auf den Märkten unser Obst und Gemüse. Ich möchte natürlich nicht in der Stadt wohnen, trotzdem komme ich gerne nach Köln.«

Lorose Keller, geboren 1932 in Iserlohn, lebt und arbeitet seit 1970 freiberuflich in Köln als Schauspielerin, Schriftstellerin und Malerin.
»Ich wollte es von Kind an wissen, und so ist mein scheinbar chaotischer Lebensroman geprägt von kindlicher Neugier, spirituellem Wissensdurst und damit verbundener Wahrheits- und Gottsuche. Menschendarstellung im Gesamtkunstwerk als Lebensaufgabe.«

Dieter Wellershoff, geboren 1925 in Neuss, Schriftsteller, lebt seit 1961 in Köln.
»Schreiben heißt, die Wahrnehmung des Lebens vertiefen.«

Stolpersteine

»Mit den kleinen Mahnmalen aus Messing und Beton will ich an Menschen erinnern, die von den Nationalsozialisten verfolgt, deportiert und ermordet wurden. Die Steine liegen vor den einstigen Wohnorten, in denen diese Menschen als Mitbürger und Nachbarn gelebt hatten.« (Gunter Demnig)

Gunter Demnig, geboren 1947 in Berlin, Bildhauer, lebt seit 1985 in Köln.
»Nach meinem Studium in Berlin und meiner Lehrtätigkeit in Kassel sah ich meine künstlerische Zukunft in Köln. Diese Entscheidung habe ich nie bereut.«

Gesine Moritz, geboren 1941 in Berlin, Modedesignerin, lebt seit 1975 in Köln.

»Aufgewachsen bin ich in Husum; an der Folkwangschule in Essen habe ich studiert, danach zog ich nach Berlin und landete schließlich mit meinem Mann in Köln. Mein Interesse galt schon in meiner Kindheit schönen Kleidern und Geschichten, die ich schreiben wollte. Anfang der 80er Jahre habe ich dann mit den Kleidern angefangen. Eigentlich ist das Gestalten von schönen Kleidern meine Art, Geschichten zu erzählen. Inzwischen ist Köln meine Heimat geworden. Ich lebe gerne hier.«

Ashoka Dietrich Chopra, geboren 1952 in Merton (Großbritannien), Mathematiker, lebt seit seinem sechsten
Lebensjahr in Köln.
»Meine Mutter stammt aus einer alten Kölner Familie, mein Vater aus Indien (Kriegerkaste). Als Professor für Europä-
ische Philosophie lehrte er in Haidarabad (Südindien), in Cambridge und in London. Mit meinen Eltern lebte ich drei
Jahre in Indien und drei Jahre in London. Meine Gymnasialzeit verbrachte ich bei meinen Großeltern in Köln. Heute
sage ich, dass ich zu hundert Prozent Deutscher und zu hundert Prozent Inder bin. Für mein Leben bedeutet Köln Kon-
tinuität. Seit 1986 arbeite ich als Unternehmensberater mit Schwerpunkt Change-Management.«

Erwin K. Scheuch, geboren 1928 in Köln, Professor für Soziologie.
Dr. Ute Scheuch, geboren 1943 in Düsseldorf, Soziologin, lebt seit 1960 in Köln.
»Wir erforschen gemeinsam die heutigen Zusammenhänge von Politik und Wirtschaft. Eine Veränderung von Missständen ist nur möglich, wenn ihre Strukturen und Verknüpfungen erkannt und verstanden werden.«

Die Von-Sparr-Straße in Köln-Mülheim

Beatrice Spycher, geboren 1949 in Laupen (Schweiz), Astrologin, lebt seit 1969 in Köln und Umgebung.
»… Zuhause ist, wo man sein darf.«

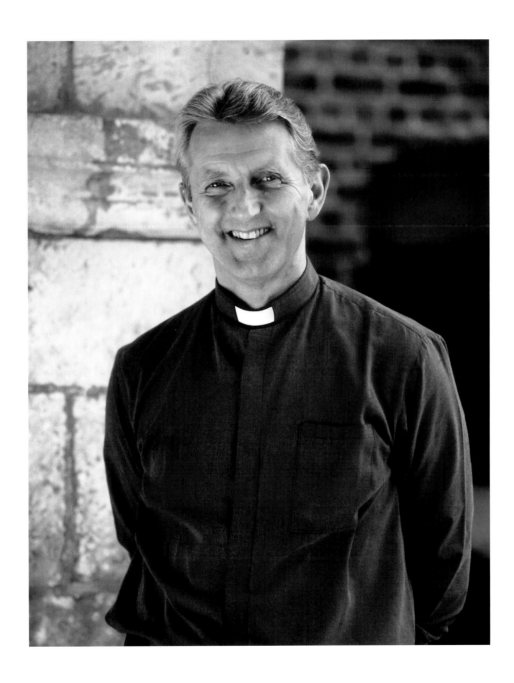

Dr. Peter von Steinitz, geboren 1940 in Lima (Peru), Pastor von St. Pantaleon, lebt seit 1972 in Köln.
»Nach meinem Architekturstudium arbeitete ich viele Jahre erst als angestellter, dann als selbstständiger Architekt. 1970 trat ich ins Opus Dei ein. Zehn Jahre später gab ich meine berufliche Tätigkeit auf, ging nach Rom und studierte dort Theologie. 1984 wurde ich vom Papst zum Priester geweiht. Seit 1987 bin ich Pastor von St. Pantaleon und bin es gern.«

Der Kölner Hauptbahnhof, im Hintergrund die Hohenzollernbrücke

Dr. Serdar Eren, geboren 1954 in Ankara, plastischer Chirurg, lebt seit 1978 in Köln.

»1977 lernte ich meine Frau im Istanbuler Uniklinikum kennen. Sie studierte damals in Köln Medizin, in Istanbul absolvierte sie ihre Auslandsfamulatur. Ich wollte sie nicht mehr verlieren; deshalb packte ich meine Koffer und verließ meine Familie und mein Land – alles wegen der großen Liebe. Neue Sprache, neues Land, neue Mentalität, neue Frau, neue Tätigkeit … das war fast zu viel auf einmal. Aber ich habe es geschafft! Heute bin ich glücklich, weil ich eine zweite Heimat habe. Ich fühle mich wie ein Baum, dessen Wurzeln zwar in Istanbul sind, aber dessen Blüten in Köln aufgehen.«

Heike Basener, geboren 1966 in Bergisch Gladbach, Zahnmedizinische Fachhelferin, lebt seit 1992 in Köln.
»Ich bin in Bergisch Gladbach aufgewachsen und habe dort und in Hamburg meine Ausbildung zur Zahnmedizini-schen Fachhelferin gemacht. 1992 kam ich nach Köln. Ich schätze das kulturelle Angebot in Köln und die vielen Mög-lichkeiten, das Leben einfach zu genießen.«

Bernd Kirchhof, geboren 1952 in Köln, Professor für Augenheilkunde (Spezialist für Netzhaut- und Glaskörper-Chirurgie)
»Nach meinem Studium habe ich zwei Jahre in Los Angeles und vier Jahre in Aachen gearbeitet. Die Auslandserfahrung möchte ich nicht missen, aber ich bin gerne wieder in meine Heimatstadt zurückgekommen. Mir gefällt die Lage am Strom besonders gut. Man lebt in Köln locker, fast ein bisschen italienisch.«

Anthony Moore, geboren 1948 in Boscombe (Großbritannien), Tonkünstler und Professor an der KHM (Kunsthochschule für Medien in Köln), lebt seit 1996 in Köln.
»I have always appreciated what my predecessor, the previous Rector of the Kunsthochschule, Siegfried Zielinski, said:
'To know the KHM you have to get behind the Black Square.' Taking this electronic city as my second home was never
going to be a problem. I am proud to have been ›Colognised‹!«

Regine Thoeren, geboren 1956 in Büttgen, Inhaberin des Erotikladens für Frauen ›Lady's Toys‹, lebt seit 1984 in Köln. »Schon immer war mein Anliegen, etwas für Menschen zu tun. Nach verschiedenen Studien und Erfahrungen in unterschiedlichen Tätigkeiten habe ich mich in den 90er Jahren besonders den Themen der Frauen zugewandt. Zum Weltfrauentag 1995 eröffnete ich einen Erotikladen für Frauen in der Kölner Innenstadt. Ich verstehe ihn als eine Art Schutzraum, in dem Frauen sich auf den Spuren ihrer Sinnlichkeit entdecken können. Lust ist für mich, mit allen Sinnen lebendig zu sein.«

Lilo von Kiesenwetter, geboren 1955 in Bonn, Seherin, lebte fünfzehn Jahre in Köln, heute in Siegburg.
»Nach meinen wilden Jahren in San Francisco und auf Ibiza habe ich fünfzehn Jahre in Köln gelebt. Ich liebe diese Stadt und ich bin sicher, dass ich eines Tages wieder nach Köln zurückkehren werde.«

Besuch aus Berlin zum Christopher-Street-Day, Juli 2001
QueerLinde (links) und **Miss Molly Mops** (rechts)

Die Fähre setzt vom Weißer Bogen über den Rhein nach Zündorf und zurück.

Heiko Dietrich, geboren 1944 in Diepholz, Fährmann, lebt seit 1954 mit Unterbrechungen in Köln.
»Schon mit Anfang 20 baute ich ein kleines Hausboot, mit dem ich mehrere große Reisen bis ins Mittelmeer machte. Ich habe auch eine Weile auf dem Boot in Paris gelebt. Zwischendurch arbeitete ich an Land, wie es sich so ergab. 1985 wurde ich als selbstständiger Fährmann in Köln-Weiß seßhaft. Ich kaufte historische Schiffe, die ich wieder in Ordnung brachte. Wir wohnen auf der *Minjtiena* (1886). Die *Frika* ist das große Fährschiff, hier gibt es ein Café und eine Bar. Bei wenig Betrieb setzen wir mit dem kleinen Fährschiff *Krokodil* über den Rhein.«

Tommy Engel, geboren 1949 in Köln, Musiker
»Un kumme ich do zor Dür eren – weiß jeder wä ich ben!«

Marlini Wickramasinha, geboren 1934 in Nuwara Eliya (Sri Lanka), Malerin, lebt seit 1964 in Köln.
»Ich komme aus einem Land mit einer sehr alten Kultur. In Köln wimmelt es nur so von Geschichte und Kunst, deshalb fühle ich mich hier sehr wohl. Hier habe ich meine Malerei verwirklicht, eine Familie gegründet und viele nette Freunde, besonders unter den Künstlern, gefunden.«

Dr. Klaus Bednarz, geboren 1942 in Berlin-Falkensee, Journalist, lebt seit 1981 in Köln.
»Kann man als Norddeutscher, Preuße, Protestant und ohne kölsche Sprachkenntnisse Kölner sein? Man kann. Das jedenfalls sagt mir mein Gefühl. Nach zwanzig Jahren in Köln möchte ich in keiner anderen Stadt mehr leben.«

Dr. Ute Linker, geboren 1937 in Berlin-Falkensee, Dermatologin und Allergologin, lebt seit 1968 in Köln.
»Nach meinem Studium in Göttingen und Marburg habe ich an der Universitäts-Hautklinik Köln meine Ausbildung zur Fachärztin absolviert. Damit hatte ich meinen Traumberuf gefunden: Ich bin im wahrsten Sinne des Wortes Dermatologin mit Haut und Haaren. Köln ist eine Stadt, die mit allen ihren kulturellen Facetten und mit ihrer bunten Lebendigkeit mein Zuhause geworden ist.«

Melatenfriedhof
Nach einem Luftangriff der Engländer 1943 auf Köln-Ehrenfeld wurden hier viele der Ehrenfelder Bürger begraben.

Jiwan Singh (rechts), geboren 1978 in Jalandhar (Nordindien), selbstständiger Textilkaufmann, lebt seit 1990 in Köln.
»Ich habe mich inzwischen hier eingelebt, mir gefällt es in Köln und ich möchte gerne hier bleiben.«

Ranjit Singh (links), geboren 1973 in Jalandhar (Nordindien), Sänger, lebt seit 1992 in Köln.
»Ich bin meinem Bruder Jiwan nach Deutschland gefolgt, wir arbeiten hier zusammen. Ich lebe zwar gerne in Köln, aber auf Dauer möchte ich zurück in meine Heimat.«

Ernst Simons, geboren 1919 in Köln, Regierungsschuldirektor a. D., lebt seit 1945 wieder in Köln.
»Ich bin in Köln aufgewachsen und 1937 nach Holland emigriert. In Enschede besuchte ich bis 1940 das Lehrersemi-
nar. Nach dem Einmarsch der Deutschen wurde ich bis 1943 zu Zwangsarbeit verurteilt. Von 1943 bis 1945 war ich in
Bergen-Belsen. Nach meiner Rückkehr nach Köln nahm ich mein Studium wieder auf. Mein Leitspruch ist: Liebe deinen Nächsten wie dich selbst (3. Buch Mose). Martin Buber übersetzte: Liebe deinen Nächsten, denn er ist wie du.«

Maria Leonene-Kopelew, geboren 1932 in Berlin, Architektin, Beiratsmitglied des ›Kopelew-Forums für deutsch-russische Begegnung, kulturellen Austausch und humanitäre Hilfe‹, lebt seit 1994 in Köln.
»Ich bin in Berlin als Kind ungarischer Eltern geboren. Die meiste Zeit meines Lebens habe ich in der Sowjetunion ver-bracht. Inzwischen lebt meine Familie in der Welt zerstreut. Ein Sohn lebt in Australien, der andere in Paris. Ich fühle mich als Kosmopolitin und in Köln zu Hause.«

Marsiliusstraße 4

1875 eröffnete Wilhelm Bosen in diesem Haus ein Porzellangeschäft. Um die Jahrhundertwende übernahm sein Sohn Edmund das Geschäft. Dessen Sohn Edmund wandelte den Laden zwischen den Weltkriegen Stück für Stück in ein Eisenwarengeschäft um. Nach seinem Tod 1984 führte seine Frau Agnes das Geschäft bis zu ihrem sechsundachtzigsten Lebensjahr alleine weiter. Sie starb im Jahr 2000.

Paula Kleinmann, geboren 1914 in Ostinghausen bei Bad Sassendorf (Westfalen), Köchin, lebt seit 1941 in Köln.
»Seit 1949 betreiben wir unsere Gastwirtschaft in der Zülpicher Straße. Nach dem Tod meines Mannes vor zwanzig Jahren übernahm mein Sohn Gustav das Lokal, heute ist mein Enkel Ralf der Geschäftsführer. Ich habe immer gerne für unsere Gäste gekocht. 2001 erhielt ich den Kölner Gastro Award.«

Cremata Crematoria, Drag Queen, geboren 1978 in Halberstadt, lebt seit 2000 in Köln.

MA Braungart, geboren 1932 in Königswinter, Inhaberin des Literarischen Salons ›George Sand‹, lebt seit 1968 in Köln. »Früher war ich Balletttänzerin und stand viele Jahre auf der Bühne. Tanz ist etwas Wunderbares. Von frühester Jugend an habe ich mich mit der Frauenfrage beschäftigt. Ich verließ die Bühne, um mit einer Freundin einen kleinen literarischen Salon im Sinne der französischen Salons zu eröffnen. Die Frauenfrage ist immer noch mein Thema; ich wünschte, die Frauen würden sich ihrer Stärke, ihrer Kreativität und Schönheit bewusster.«

Horst-Johann Küpper, geboren 1953 in Köln, Koch
»Durch einen Arbeitsunfall verlor ich mein linkes Bein und musste meinen Beruf aufgeben.«

Kölner Büdchen auf dem Auerbachplatz

Laura Kroth, geboren 1971 in Köln (Südstadt), PR-Beraterin, lebt seit 1991 in Hamburg.
»Ich lebe schon seit vielen Jahren in Hamburg. Obwohl ich inzwischen ›eingenordet‹ bin und mit der hanseatischen Mentalität gut zurechtkomme, fühle ich mich im Herzen noch immer als Kölnerin. In Hamburg ist eben nicht ›jede Jeck anders‹, hier zählt, wer du bist, in welchem Stadtteil du wohnst und ob vor deiner Haustür ein dunkelblauer Mercedes steht. Oft werde ich gefragt, ob ich Italienerin sei – da kann ich nur sagen: Als kölsches Mädchen stamme ich in direkter Linie von den Römern ab …«

Dr. phil. Nick Berk, geb. 1941 in Frechen, Psychologe
»Ich lege mich mit der Seele an, wo immer ich sie treffe – es handelt sich um eine Piraterie im Meer der Seele. Die Piraten waren die ersten, die Seekarten zeichneten. Städte haben eine Seele und eine Seelengeschichte. Die Geburt der Seele der Stadt Köln begann vor zweitausend Jahren. Nichts von dem, was seither hier geschah, ist untergegangen. Wer den Blick dafür hat, spürt in allem den Kuss der kölnisch-römischen Aristokratin Agrippina. Rom ist ein Vorort von Köln.«

Therese Schlundt, geboren 1922 in Jünkerath, Hebamme, lebt seit 1960 in Köln.
»Als selbstständige Hebamme habe ich im Laufe meines Berufslebens in Köln fast viertausend Hausgeburten begleitet. Zu meinen Erfindungen gehört u.a. der ›Kölner Wehensong‹, eine Art melodische Atemübung für Schwangere. Im Moment arbeite ich an einem Buch über Hebammen und Geburten.«

Julia Kathan, geboren 1969 in Wiesbaden, Schauspielerin und Flamencotänzerin, lebt seit 1975 in Köln.
»Ich habe fast zwei Jahre in Los Angeles gelebt und bin dann wieder hierher zurückgekehrt. Ich kann nicht behaupten, dass ich Köln liebe, aber die Stadt ist mir vertraut und ich fühle mich hier geborgen.«

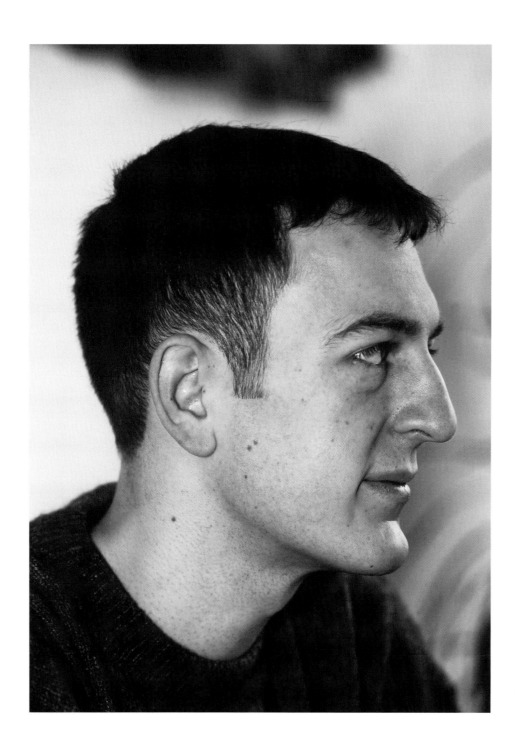

Jan Omland, geboren 1980 in Köln, Student
»Als Kind war ich fasziniert von der Andersartigkeit der Menschen in den Kung-Fu-Filmen. Nachdem ich in den USA (in der elften Klasse in Pennsylvania) einen kapitalistischen Schock erlebt habe, suchte ich in anderen Kulturen Alternativen… heute studiere ich ›Moderne China-Studien‹. Mein Wunsch ist, eine Zeit in einem Kung-Fu-Kloster in China zu leben. Was für ein Schock wird mich wohl dort erwarten?«

Uschi Omland, geboren 1951 in Göttingen, Medium, lebt seit 1975 in Köln und Umgebung.
» ›Alles Leben ist heilig. Und alles ist mit allem verbunden.‹ Die uralten Felder universeller Weisheit, Kraft und Liebe begehen, sie heilsam fruchtbar machen für unser heutiges Leben, diese Erfahrungen wieder einweben in das kosmische Netz: das ist meine Lebensaufgabe.«

Die *Arche* im Weißer Rheinbogen
Das hölzerne Schiff wurde 1993 von dem Kölner Architekten Prof. Stephan Goerner errichtet.

Natanel Teitelbaum, geboren 1975 in Haifa, Rabbiner, lebt seit 2000 in Köln.
»Mein Großvater war gebürtiger Frankfurter und ist 1933 nach Israel ausgewandert. Ich bin in Mozekien bei Haifa aufgewachsen. Die Ausbildung zum Rabbiner habe ich in Aschkalon, in der Nähe von Haifa, absolviert. Danach bin ich
nach Köln in die Synagoge in der Roonstraße berufen worden. Noch betrachte ich Köln aus der Sicht meiner Tätigkeit
als Rabbiner.«

Hinrich Sickenberger, geboren 1955 in Aschenburg (Bayern), Medienmanager, lebt seit 1978 in Köln.
»Von Anfang an habe ich Köln geliebt. Die Stadt ist überschaubar, und als Nichtautofahrer komme ich ohne Probleme überall hin. Ich begann meine berufliche Laufbahn in Köln als Video- und Performance-Künstler. Später gehörte ich als Popstar zu der Gruppe Gina X. Avantgardistische Projekte, ihre Konzeptionen und Organisationen haben mich immer interessiert. Heute arbeite ich als selbstständiger Medienmanager.«

Alwin Dern, geboren 1947 in Viersen, Dachdecker

»Obwohl ich mein ganzes Leben in Köln verbracht habe, kehre ich nach dem Urlaub immer wieder gerne hierher zurück. Beim Anblick des Doms weiß ich: Hier ist mein Zuhause. Ich habe ein ganz besonderes Verhältnis zur Stadt, denn ich verbringe den Großteil meiner Zeit auf den Dächern.«

Prof. Dr. Barbara Schock-Werner, geboren 1947 in Ludwigsburg, Dombaumeisterin, lebt seit 1999 in Köln.
»Die erste Dombaumeisterin in der europäischen Geschichte zu sein ist eine anspruchsvolle Aufgabe. Da genügt es nicht, katholisch und schwindelfrei zu sein. Dennoch versuche ich mein Bestes zu tun, denn ich liebe den Dom und die Stadt Köln.«

Jasmin Odabasi, geboren 1980 in Wuppertal, Studentin, lebt in Solingen.
»Obwohl ich in Düsseldorf studiere, komme ich oft nach Köln und besuche hier meine Freunde. Ich bin immer wieder fasziniert von den vielen Facetten dieser Stadt. Einerseits hat Köln etwas Gemütliches und Beruhigendes, wie z.B. die vielen kleinen Läden, Büdchen, Cafés und Kneipen. Andererseits spüre ich auch oft das rasende Tempo des Groß-stadtlebens, das wie ein Sog nach mir greift. Jedes Mal, wenn ich nach Köln komme, spiele ich mit dem Gedanken, hierher zu ziehen.«

Christa Bauer, geboren 1936 in Laer/Westfalen, Goldschmiedin, lebt seit 1957 in Köln.

»Meine Lehre als Goldschmiedin habe ich in Münster gemacht. Danach ging ich zu Prof. Elisabeth Treskow an die damalige Kölner Werkschule. Nach vier Jahren Studium und zwei Jahren Arbeit in ihrem Atelier habe ich mich mit meiner Goldschmiedewerkstatt am Ubierring selbstständig gemacht. Ich arbeite noch heute gerne in dieser Werkstatt in der Südstadt, die zu meiner zweiten Heimat geworden ist. Köln liebe ich, weil es eine Kunststadt ist und weil die Kölner lebenslustig sind.«

Konrad Beikircher, geboren 1945 in Bruneck, Sprachkabarettist, Musiker, Autor, lebt seit Ende 1965 in Bonn.
»Meine Lieblingsvorstellung ist: ein Koffer, da ist alles drin und ich kann überall sein.«

Elke Mascha Blankenburg, geboren 1943 in Mindelheim (Allgäu), Dirigentin, lebt seit 1970 in Köln.
»Eigentlich bin ich Kosmopolitin. Mit Köln verbindet mich eine dreißig Jahre lange Konzerttätigkeit und die Verbundenheit mit meinen toten und lebenden Freunden. Ich habe in fast allen Kölner Kirchen musiziert. Ganz besonders liebe ich St. Gereon. In Köln fasziniert mich das humorvolle und offene geistige Klima.«

Dr. Walter Gontermann, geboren 1942 in Solingen, Schauspieler, Regisseur, lebt mit Unterbrechungen seit 1963 in Köln.

»Stichwort Köln: geboren nebenan – Schauspielschule hier – weggegangen – zurückgekommen – Studium hier – weggegangen – Beruf hier, da und dort – aber immer wieder zurückgekommen. Also lebenslänglich Köln? Sieht so aus. Und gerne!«

Werkhalle der Ford-Werke AG
Seit 1931 ist Köln Stammsitz der Ford-Werke AG. Die Hauptverwaltung, die Fertigung des Ford Fiesta sowie die Moto-ren-, Getriebe-, Schmiede- und Gussteile-Produktion sind hier angesiedelt. Täglich werden hier über 1200 Ford Fiesta, 2830 Motoren und 3900 Getriebe hergestellt. Im November 1999 fuhr das 30millionste Fahrzeug der Ford-Werke-AG vom Band.

Johann Baptist Amon, geboren 1934 in Döringstadt bei Bamberg, Schuhmachermeister, lebt seit 1953 in Köln.
»1953 bin ich mit meiner Familie nach Köln gekommen. Wir haben uns schnell eingelebt und fühlen uns inzwischen als ›Kölner‹. Mein Sohn Andreas hat bei mir das Schuhmacherhandwerk gelernt. Heute führt er die Werkstatt und den Laden.«
Andreas Amon, geboren 1961 in Köln, Schuhmachermeister

Deborah Richards, geboren 1949 in Edwardsville (Illinois, USA), Pianistin, lebt seit 1973 mit Unterbrechungen in Köln. »Ungefähr so weit östlich vom Rheinufer wie Bergisch Gladbach zu Köln liegt meine Heimatstadt vom östlichen Ufer des Mississippis in der Höhe von St. Louis. Kurz nach meinem 24. Geburtstag kam ich als Musikstipendiatin hierher. Die musikhistorische Seite von Köln ist immer noch beeindruckend für eine Amerikanerin. Unfassbar, dass ich dieselbe Madonna von Lochner mit eigenen Augen im Dom anschauen kann, die einst Heine zum Dichten und Schumann zum Komponieren inspirierte.«

Klarenz Barlow, geboren 1945 in Kalkutta, Komponist, lebt seit 1968 in Köln.
»Ich bin in die europäischstämmige Minderheit in Kalkutta geboren, wo ich in europäischer Kultur aufwuchs. Nach einem Studium der Naturwissenschaften und der Musik in Kalkutta kam ich nach Köln und wurde hier sesshaft. Köln ist für mich die warmherzigste Metropole zwischen den Alpen und der Nordsee. Einen zweiten Wohnsitz habe ich in Amsterdam.«

Das »Pascha«, früher bekannt als »Eroscenter«

1971 wurde das ehemalige »Eroscenter« von Privatinvestoren gebaut. 1996 übernahm die Horn-Vermietungs-GmbH das inzwischen heruntergekommene Bordell. Nach einer umfangreichen Sanierung änderte man auch den Namen. Im heutigen »Pascha« arbeiten 120 Frauen.

Heinz Emde, geboren 1942 in Kaufungen bei Kassel, ›Veedelspolizist‹, lebt seit 1965 in Köln.
»Ich lebe gerne in Köln, mein Arbeitsplatz ist die Straße. Ich verstehe mich als Vermittler zwischen den Institutionen und der Bevölkerung. Viele Menschen kommen mit ihren Nöten zu mir.«

Dipl. Ing. Heinrich Becker, geboren 1946 in Dormagen, Geschäftsführender Gesellschafter der Privatbrauerei ›Gaffel Becker & Co‹

»Bis auf sechs Jahre meines Studiums in München habe ich immer in Köln gelebt. Neben meinem Beruf bin ich ein begeisterter Sammler der Bilder des Malers Anton Räderscheidt. Außerdem habe ich im Keller unseres Geschäftshauses in den letzten fünfzehn Jahren schon fast ein kleines Museum mit Plakaten aus den 50er bis 70er Jahren, alten Emailleschildern, Bierflaschen, Krügen und Gläsern zusammengetragen.«

Helga Kirchner, geboren 1946 in Mönchengladbach, Chefredakteurin, lebt seit 1972 in Köln.
»Hier ist jeder ein bisschen verrückt, das macht Köln so lebens- und liebenswert.«

Der Mülheimer Hafen

1874 wurde mit dem Bau des Mülheimer Hafens begonnen, dessen Fertigstellung sich über vierzig Jahre hinzog. Die Anlagen umfassten den Rheinkai und südlich davon ein Hafenbecken. Am Westufer und im Süden entstanden zwei Schiffswerften. Mit der Eingemeindung von Mülheim nach Köln im Jahre 1914 wurde der Mülheimer Hafen in die Kölner Hafenbetriebe integriert.

Jango, geboren 1965 in Köln, Tätowierer
»Viele Jahre habe ich als Goldschmied gearbeitet, inzwischen tätowiere ich in meinem Studio in Nippes. Jetzt geht mein Schmuck unter die Haut.«

Dr. Richard Milton, geboren 1941 in Kilomines (Dem. Rep. Kongo), Wirtschaftswissenschaftler, lebt seit 1965 in Köln. »Meine Eltern stammen aus Angola, ich bin in Kinshasa aufgewachsen. Nach einem Sprachkurs in Rothenburg o. d. T. kam ich zum Studium nach Köln. Ich bin in dieser Stadt geblieben und lebe hier gern. Zur Zeit plane ich mit afrikanischen Freunden ein Hilfsprojekt für Kinshasa.«

Yihui Wu, geboren 1963 in Ningbo (China), Sportpädagogin, lebt seit 1994 in Köln.
»Meine Kindheit habe ich in Ningbo verbracht. In Peking studierte ich Sport und lehrte anschließend sechs Jahre an der Universität. Dann folgte ich einer Einladung nach Deutschland. In Köln lernte ich meinen Mann kennen und nun ist Köln meine dritte Heimat.«

Raimund Girke, geboren 1930 in Heinzendorf (Schlesien), Professor für Freie Malerei, † 2002, lebte 21 Jahre in Köln. »1946 sind wir aus Schlesien vertrieben worden. Erst Jahre nach meinem Studium in Düsseldorf kam ich nach Köln. Ich finde beileibe nicht alles gut in dieser Stadt, aber die Kölner sind tolerant, das ist wichtig. Ich fühle mich sehr wohl hier.«

Das Danziger Lagerhaus im Rheinauhafen, 1909/1910 von Stadtbaurat Hans Verbeek errichtet.
Von den Kölnern wird es wegen seiner vielen spitzen Giebel das »Siebengebirge« genannt. Vor dem Gebäude steht ein zwei Gleise überspannender Wippkran.

Dr. Adele Schlombs, geboren 1956 in Köln, Direktorin des Museums für Ostasiatische Kunst, lebt und arbeitet seit 1991 in Köln.
»Der japanische Mönch Dogen (1200–1253) hat einmal gesagt: ›Den Weg des Buddha studieren heißt, sich selbst studieren. Sich selbst studieren, heißt, das Selbst vergessen. Das Selbst vergessen, heißt, in den Zehntausend Dingen aufgehen.‹«

Reinold Vujcic, geboren 1950 in Trier, Kapitän, arbeitet seit 1965 bei der Köln-Düsseldorfer, der Deutschen Rhein-schifffahrts-AG.

»Mein Vater war Jugoslawe und Kriegsgefangener der Deutschen im Zweiten Weltkrieg. Er wurde von den Amerikanern befreit und blieb in Deutschland. Schon mit 14 Jahren kam ich zur Köln-Düsseldorfer, der Deutschen Rheinschifffahrts-AG. Heute bin ich Kapitän auf der *MS Marksburg*. Natürlich ist mir der Rhein so vertraut wie anderen Menschen die Straße, in der sie seit Jahrzehnten wohnen. Bis zum Jahr 2000 fuhren noch Kabinenschiffe unter der KD-Flagge zwischen Rotterdam, Amsterdam und Basel. Heute sind unsere Ziele Mainz, Mannheim und natürlich die Städte am Mittel- und Niederrhein. In Köln sind die Abendfahrten (circa drei bis vier Stunden) sehr beliebt. Der Kölner fährt gerne auf dem Schiff, besonders, wenn es dazu noch ein gutes Essen, Wein oder Kölsch gibt.«

Paul Mapstone, geboren 1957 in Cardiff, Wales (Großbritannien), Computer-Techniker, lebt seit 1982 in Köln.
»Eigentlich hat mich das Schicksal nach Köln geführt. Ende der 70er Jahre lernte ich meine Frau auf einer Reise durch Griechenland kennen. Ich verließ Großbritannien und zog zu ihr nach Köln. Ich behalte zwar die britische Staatsangehörigkeit, aber ich fühle mich inzwischen in Köln zu Hause.«

Birgit Lietz, geboren 1960 in Köln, Rechtsanwältin (Tätigkeitsschwerpunkt Medienrecht und Strafrecht)
»Ich habe, bis auf wenige Jahre im Bergischen Land, immer in Köln gelebt. Ich liebe Köln und könnte mir nur schwer vorstellen, von hier wegzuziehen.«

Gefängnismauer mit Beobachtungskanzel

Die Justizvollzugsanstalt in Köln-Ossendorf wurde 1959 gebaut. Seit 1970 sind dort bis zu 1300 straffällige Männer, Frauen und Jugendliche untergebracht. Als größte Haftanstalt Nordrhein-Westfalens beherbergt sie Untersuchungshäftlinge und Häftlinge mit kurzen Freiheitsstrafen (bis zu zwei Jahren).

Hans-Heinrich Bendrien, geboren 1950 in Hermannsburg (Lüneburger Heide), Maler, Musiker, Journalist, lebt mit Unterbrechungen seit 1970 in Köln.
»1970 kam ich nach einem fünfjährigen Aufenthalt in Paris zum ersten Mal nach Köln. Nach einigen Jahren zog es mich in andere Großstädte, ich lebte in Berlin, in Hamburg und in Stuttgart. Inzwischen bin ich wieder hier gelandet und möchte auch in Köln bleiben. Kaum eine andere Großstadt in Deutschland hat so viel Atmosphäre. Man kann hier einfach nach seiner Façon leben.«

Wolfgang Sistig, geboren 1941 in Mechernich (Eifel), Bankkaufmann, lebt seit 1969 in Köln.
»Nach meiner Ausbildung und anschließenden praktischen Jahren arbeitete ich als Zweigstellenleiter in Heimbach.
1969 ging ich zur Herstatt-Bank und wurde Kölner Bürger. Dem Karneval zugetan, trat ich der Karnevalsgesellschaft
›Kölle Alaaf‹ e.V. bei. Nach der Herstatt-Pleite wechselte ich zur KKB, der heutigen Citibank Pivatkunden AG. Nach über
dreißig Jahren fühle ich mich in dieser Stadt sau- bzw. pudelwohl.«

Christine Kronenberg, geboren 1955 in Kerpen, Frauenbeauftragte der Stadt Köln, lebt seit 1978 in Köln.
»BRINGT DEN WEIBLICHEN BLICK AUF UNSERE STADT!«

Helene Siebert, geboren 1908 in Hamburg, Diakonisse, lebt seit 1961 in Köln.
Schwester Helene hat ihr Leben den Armen, Obdachlosen und Prostituierten gewidmet. 1960 gründete sie die ›Mit-
ternachtsmission‹. Jedes Jahr an Heiligabend findet im »Alten Wartesaal« unter ihrer Leitung ein großes Weihnachts-
essen für Obdachlose und Arme statt.

Bozidar Patrnogic, geboren 1936 in Prizren (Jugoslawien, im heutigen Kosovo), Erzpriester der russisch-orthodoxen Kirche, lebt seit 1986 in Köln.

»Ich betreue seit zwanzig Jahren die russisch-orthodoxe Gemeinde in Köln. Köln ist inzwischen meine zweite Heimat geworden. Meine Gemeinde hier wächst von Jahr zu Jahr. Darüber freue ich mich.«

Schlachthof

Der Schlachthof existiert seit 1898; im Jahr 1973 wurde er in die private Fleischversorgungs-GmbH umgewandelt.
47 Firmen mit insgesamt 800 Arbeitsplätzen sind Mitbesitzer der GmbH. Hier werden Rinder, Schweine, Kälber und Schafe geschlachtet und zerlegt.

Jede Woche werden im Schlachthof Köln circa 800 Schweine geschlachtet.

Bernhard Paul, geboren 1947 in Lilienfeld (Österreich), Zirkusdirektor, Clown, Regisseur, lebt seit 1977 in Köln.
»Ich habe in Wien studiert, zuerst Hochbau, dann Grafik. Nach einigen Jahren als Art Director in Wien habe ich mir
1976 meinen Kindheitstraum erfüllt und den Zirkus Roncalli gegründet. Seitdem leben wir in Köln – wo sonst, wenn
nicht hier? Natürlich ist die Architektur dieser Stadt nicht mit Wien zu vergleichen, doch mit Häusern kann man nicht
sprechen. Auf die Menschen kommt es an! Die Art der Kölner, ihre Treue, ihre Aufrichtigkeit und Anteilnahme sind mir
ans Herz gewachsen. Meine Frau, die Italienerin ist, fühlt sich in Köln genauso zu Hause wie ich.«

Viola Zoppe, geboren 1970 in Prag, klassische Tänzerin und Artistin, lebt seit 1991 in Köln.
»Meine Großmutter war Artistin beim (damals) größten Zirkus Europas, dem Zirkus ›Kludsky‹ in der Tschechoslowakei.
Sie heiratete Rafael Zoppe aus der bekannten italienischen Zirkusfamilie Zoppe-Zavatta. Ich bin Italienerin und in Prag
aufgewachsen. Dort habe ich acht Jahre lang auf dem Konservatorium Klassisches Ballett studiert. Danach gründete
ich mein eigenes Zelt-Theater ›Masquerade‹, mit dem ich sechs Jahre lang durch Deutschland und Holland gereist bin.
Zur Zeit plane ich ein besonderes Projekt, das aber noch ein Geheimnis bleiben soll.«

Das Wasserwerk Severin II (Zugweg), gebaut zwischen 1899 und 1902.
In der ehemaligen Maschinenhalle des Wasserwerks stehen heute die Aktivkohlefilterbecken, mit denen das Trinkwasser aufbereitet wird.

Rolf Ricke, geboren 1934 in Kassel, Galerist, lebt seit 1968 in Köln.
»Ich bin oft in Paris, aber auch Köln hat ein ganz besonderes Flair. Die Menschen hier sind offen und großzügig. Ich schätze die Vielfalt des kulturellen Angebots.«

Katharina Tilemann, geboren 1963 in Celle, Lektorin, lebt seit 1993 in Köln.
»Nach meinem Studium (Geschichte und Germanistik) in Göttingen und Paris bin ich 1993 nach Köln gekommen. Hier habe ich sechs Jahre als Lektorin in einem Verlag gearbeitet. Heute bin ich freiberuflich für verschiedene Verlage tätig. Ich mag die Stadt, das Leben hier ist unkompliziert. Köln ist schräg, aber anregend.«

Wolfgang Niedecken, geboren 1951 in Köln, Musiker, Maler
»Ubier, Römer un Franzose, jottweiswer leet ir'ndjet he. Mir sinn Bastarde un stolz drop, dat mer us uns nit schlau weet.«

Arno Jansen, geboren 1938 in Aachen, Fotograf, lebt seit 1965 in Köln.
»Bin immer froh, wenn ich mich aus dem Weichbild dieser heruntergekommenen Stadt entfernen kann. Es gibt für mich angenehmere Städte und kulturellere Orte in Europa.«

Dr. Mande Hajadi, geboren 1962 in Jakarta (Java, Indonesien), Ärztin, lebt seit 1992 in Köln.

»Meine Familie stammt aus China und siedelte in den 50er Jahren nach Jakarta um. Später zogen wir nach Palembang (Sumatra), wo ich aufgewachsen bin. 1982 kam ich nach Berlin und studierte dort Medizin. Ich habe mich schon sehr früh für Traditionelle Chinesische Medizin interessiert, die ich auch schwerpunktmäßig in meiner jetzigen Tätigkeit ausübe. Ich bin mit einem Deutschen verheiratet und lebe gerne in Köln. Die Stadt ist zu meiner zweiten Heimat geworden.«

Inge Weßling, geboren 1944 in St. Georgen (Schwarzwald), arbeitet seit 1964 als Rechtspflegerin am Amtsgericht in Köln.

Wolfgang Weßling, geboren 1940 in Köln, arbeitet seit 1963 als Rechtspfleger am Amtsgericht in Köln. Das Ehepaar lebt im Bergischen Land.

»Unser Leben änderte sich, als wir 1977 die ersten Möpse bekamen. Inzwischen ist die Zahl auf 26 gestiegen und wir sind aus der Stadt aufs Land gezogen. Die Möpse sind unsere große Freude, sie bestimmen natürlich unsere ganze Freizeit.«

Franz Meurer, geboren 1951 in Köln, Pfarrer der Gemeinden in Höhenberg und Vingst
»Wir essen das Brot, wir leben vom Glanz.«

Armin Maiwald, geboren 1940 in Köln, Regisseur, Produzent

»Meine Kindheitserinnerungen sind mit dem Zweiten Weltkrieg verbunden. Wir wurden dreimal in Köln ausgebombt und daraufhin nach Oberschlesien und Bayern evakuiert. Nach dem Krieg hat mich die ungewohnte Stille der Stadt erstaunt, denn der Bombenalarm gehörte für uns Kinder zur Normalität. Ende der 60er Jahre haben wir im WDR-Team die ›Sendung mit der Maus‹ entwickelt. Damals war ich der Jüngste, inzwischen bin ich der Älteste aus diesem Team. Meine Arbeit macht mir immer noch Spaß. Ich könnte nur in Köln leben. Unsere Stadt ist optisch nicht die Schönste, aber sie hat etwas Südländisches. Für mich ist sie die nördlichste Stadt Italiens.«

Carmen Thomas, geboren 1946 in Düsseldorf, Direktorin der 1. ModerationsAkademie für Medien und Wirtschaft auf Schloss Ehreshoven in Engelskirchen, lebt seit 1965 in Köln.
»Ich arbeite jetzt täglich in der ModerationsAkademie. Durch die 20-minütigen Fahrten habe ich morgens und abends einen neuen Blick auf Köln. Seit langem erstaunt und rührt mich der Lokalpatriotismus der Kölschen und deren integrierender Stolz. Ja, ich lebe hier lieber als in Düsseldorf, weil alles etwas ›mediterraner‹ und erdnäher ist. Deshalb bin ich eine begeisterte Wahlkölnerin.«

Straßenmusiker auf der Domplatte

Jeannine Bruno, geboren 1968 in Köln, Malerin
»Mein Vater stammt aus Sizilien, meine Mutter ist Deutsche. Alles, was ich bin, drücke ich in meinen Bildern aus. Es ist immer eine Balance zwischen meiner Lebensfreude, dem Gefühl, dass wir gleichzeitig dem Tod nahe sind und dem Protest gegen Dummheit und Banalität. Mit Köln fühle ich mich wie durch eine Nabelschnur verbunden, egal, wo ich mich gerade aufhalte.«

Taibo Bati, geboren 1968 in Budapest, Poet, lebt seit 1989 in Köln.
»Die Familie meiner Mutter stammt aus dem Rheinland. Meine Großmutter heiratete einen Ungarn, dessen Stammbaum bis in die Zeit der Schamanenverfolgungen im 12. Jahrhundert reicht. Mein Großvater väterlicherseits stammte aus einer alteingesessenen ungarischen Juristenfamilie in Pecs. Er heiratete eine Kroatin aus Mohacs. Was ich daraus für mein Leben gelernt habe: ›Dass Äußerste, das ich mir über mich vorstellen kann, war ich schon immer.‹«

Alexandru Agache, geboren 1955 in Cluj-Napoca (Rumänien), Opernsänger, lebt seit 1990 in Köln.
»Die meiste Zeit des Jahres bin ich unterwegs, ich singe in den Opernhäusern Europas und Amerikas. Hier in Köln ruhe ich mich aus, hier findet mein privates Leben mit meiner Frau und meinen beiden Kindern statt.«

Dr. Karin Ohlenburger-Bauer, geboren 1944 in Münster, Notarin, lebt mit Unterbrechungen seit 1975 in Köln.
»Notar – ein langweiliger Beruf? Ganz im Gegenteil! Persönliche Schicksale, Verwandtschaftsbeziehungen, Ehekrisen, Immobiliengeschäfte, Gesellschaftsgründungen, Unternehmenszusammenschlüsse etc. – an einer Vielzahl individueller Entscheidungen und gesamtgesellschaftlicher Entwicklungen nimmt der Notar planend und gestaltend teil – eine wirklich interessante, oft spannende (Lebens-)Aufgabe!«

Blick aus dem Domhotel auf das Römisch-Germanische Museum, das Museum Ludwig und den Dom

Prof. Henrik Hanstein, geboren 1950 in Köln, Kunstversteigerer des Kunsthauses Lempertz
»Es gibt so viele Städte, die schöner sind als Köln, aber nur wenige mit solch großer Geschichte und Tradition. Als sich
›Unter den Linden‹ noch die Wildschweine rieben, hatten wir schon unsere zweite Liturgiereform hinter uns, aber Karl
Marx sagte mal: Mit den Kölnern kann man keine Revolution machen.«

Majid Hashemnia, geboren 1965 in Mashad (Iran), Bioladenbesitzer, lebt seit 1987 in Köln.
»Kurz nach meinem Abitur in Mashad ging ich nach Köln. Am Anfang musste ich erst einmal die deutsche Sprache lernen; das war nicht einfach. Jetzt fühle ich mich in Köln sehr wohl. Die Kölner sind offen und unkompliziert. Inzwischen habe ich hier mehr Freunde als damals im Iran. Deshalb vermisse ich meine alte Heimat nicht mehr.«

Cordula Stratmann, geboren 1963 in Düsseldorf, Kabarettistin, lebt seit 1985 in Köln.
» … Ich will es mal so sagen: Wer noch nie in Köln war, hat was verpasst. Wer nur in Köln war, auch. Und der Kölner
an sich verreist nicht gern …«

David Becker, geboren 1985 in Bensberg, Schüler der Hermann Lietz-Schule ›Spiekeroog‹
Valerica Becker, geboren 1952 in Bukarest, Kosmetikerin, lebt seit 1972 in Köln.
Barry Becker, geboren 1948 in Köln, Steuerberater
»Es ist schön und tut gut, sich gemeinsam zu freuen.«

Jürgen Becker, geboren 1959 in Köln, Kabarettist
»Köln ist eine korrupte, verfilzte, hässliche Scheißstadt. Hier bleibe ich.«

Heinrich Bollenbach, geboren 1932 in Unterschwaben (Slowakei), Schäfermeister, lebt seit 1956 in Köln.
»Ende der 50er Jahre gab es noch um die 36 Schäfer und circa 10 000 Schafe, die rund um Köln weideten. Heute bin ich der einzige Schäfer, der mit seiner Herde durch den Grüngürtel zieht.«

Fritz Pleitgen, geboren 1938 in Duisburg, Intendant des Westdeutschen Rundfunks, lebt seit 1982 in Köln.
»New York war für mich immer das Größte. Aber dann bin ich doch vom Broadway in die Breite Straße gezogen. Der Wechsel vom Hudson River an den Rhein ist mir bestens bekommen. Köln ist durch und durch eine internationale Stadt mit Pfiff und Herz. Und wer den Dom wie ich vor Augen hat, den kann nichts erschüttern.«

Claudia Kroth, 1946 geboren in Andernach, Autorin dieses Buches. Sie hat an der Akademie der Bildenden Künste in München studiert und arbeitet als Malerin und freie Fotografin in Köln; Reisen durch China, den Tibet, Sibirien und die Mongolei.
(Foto: Laura Kroth)

Allen Kölnern, die ich porträtieren durfte, allen Freunden und Bekannten, Arno Jansen, Jörg Klein, Konrad Beikircher, Laura Kroth, der Lektorin, dem Verlag und den Sponsoren möchte ich herzlich für ihre Mitarbeit und Hilfe danken.
Es war eine lange Reise durch Köln – mit dem Ergebnis: **Köln ist schön**

Die Fotografien entstanden zwischen 2000 und 2002